COLLECTION PAUL DABLIN

1re VENTE

# ESTAMPES

## TABLEAUX, DESSINS

## OBJETS DE CURIOSITÉ

RELATIFS

## A LA RÉVOLUTION FRANÇAISE

## ANTIQUITÉS

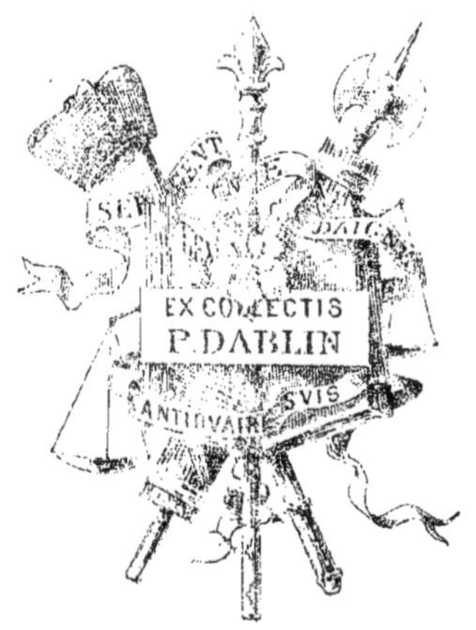


COMMISSAIRE-PRISEUR :
Me MAURICE DELESTRE, 5, rue Saint-Georges.

EXPERTS :

| | |
|---|---|
| M. PAUL ROBLIN<br>65, rue Saint-Lazare, 65 | MM. A. GEOFFROY frères<br>5, rue Blanche, 5 |

FÉVRIER 1903

# CATALOGUE
# D'ESTAMPES
## Tableaux, Dessins
## CARICATURES, AFFICHES, PLACARDS
Imagerie populaire
## OBJETS DE CURIOSITÉ
### FAIENCES, ÉVENTAILS, CIRES
ET AUTRES DOCUMENTS RELATIFS A LA
### RÉVOLUTION FRANÇAISE
### *ANTIQUITÉS*

Composant la Collection de M. Paul DABLIN

*Dont la vente aux enchères publiques aura lieu*

HOTEL DES COMMISSAIRES-PRISEURS, Rue Drouot n° 9

Salle n° 8.

**Les Vendredi 27 et Samedi 28 Février 1903**

à deux heures.

Par le Ministère de Me Maurice DELESTRE, commissaire-priseur,
5, rue Saint-Georges, 5

Assisté de M. Paul ROBLIN, marchand d'estampes,
65, rue Saint-Lazare, 65
*pour les estampes, tableaux et dessins,*

et de MM. A. GEOFFROY Frères, marchands d'estampes,
5, rue Blanche, 5
*pour les objets de curiosité, faïences, etc.*

**PARIS 1903**

## CONDITIONS DE LA VENTE

La Vente sera faite au comptant.

Les Acquéreurs paieront *dix pour cent* en sus des prix d'adjudication.

MM. Paul Roblin et Geoffroy frères se réservent la faculté de rassembler ou de diviser les lots.

## ORDRE DES VACATIONS

| | | | |
|---|---|---|---|
| Vendredi | 27 Février 1903 | Nos | 1 à 193. |
| Samedi | 28 Février 1903 | Nos | 194 à 333. |

*Pour la seconde vacation, l'ordre numérique ne sera pas suivi.*

*Exposition avant la vente.*

# DÉSIGNATION

## ESTAMPES

### AFFICHES, PLACARDS, etc.

1. Lettre d'un gentilhomme à une demoiselle, 1613. — Liste de Messieurs les Curés et Marguilliers de la Paroisse des Saints-Innocents. Année 1745. — Diplôme religieux, 1656. — Gloire à Dieu, Vive le Roi !... Quatre pièces.

2. Régiment de Chatel-Raud, cavalerie. — Régiment de Royal-Piémont, cavalerie. 17 juin 1767. Deux pièces.

3. Dragons de Monsieur, frère du Roi, en quartier à Falaise, commandé par M. le Comte de La Chastre-Nancay, colonel en second M. le Chevalier de Cossé-Brissac, 1777. Très belle épreuve coloriée. Très rare.

4. Chasseurs à cheval, 9e régiment, ci-devant Lorraine, Vosges. Troisième régiment, Légion de Lorraine, etc., en quartier à Versailles. Belle épreuve coloriée. Rare.

5. Etat général des troupes conservées sur pied à la réforme de 1749. — Carte générale des troupes de France sur pied au 1er janvier 1762. — Carte des troupes de France sur le pied des ordonnances, 1770. — Bataillon prêt à charger l'ennemi, 1792. Quatre pièces, la première est manuscrite.

6. Tableau de la Garde Nationale de Paris au 1er avril 1790. Importante pièce dédiée au général de La Fayette.

## AFFICHES, PLACARDS, etc.

7. Collection des médailles des campagnes et du règne de Napoléon Ier. — Annuaire des Hommes illustres pour l'an IX. — Conscription de 1806 et de l'an XIII. — XIXe et XXe bulletin de la Grande Armée, Moscou 1812. — Nouvelles des Armées, Valenciennes 1814. — Proclamation du Conseil Général du département de la Seine et du Conseil municipal de Paris. — Tableau nominatif de MM. les Officiers... Huit pièces sur le 1er Empire.

8. Aux Partisans de Bonaparte. — Avis aux habitants du XIe arrondissement, 1815. – Proclamation du Roi, 1815. — Adresse des grenadiers et chasseurs de la Garde nationale de Paris au Roi. — Proclamation de S. A. R. Monsieur à la Garde nationale. — La 1re légion de la Garde nationale aux habitants de Paris, 1814. — Nouvelles de l'Armée, 1814. — Adresse aux armées françaises. — Actes du Gouvernement provisoire, etc., etc. Treize pièces sur les Cent Jours et la Restauration.

9. Affaire Papavoine. — Catalogue des médailles relatives à la Révolution de Juillet 1830 et au Règne de Louis-Philippe Ier. — Discours, Proclamations, Extraits du Moniteur, Nouvelles du jour, Charte, etc. Dix-neuf pièces sur Louis-Philippe.

10. Rapports relatifs à la campagne d'Afrique sous la monarchie de Juillet. Onze pièces.

11. Proclamations. — Discours. — Compte-rendu, etc., sur la République de 1848. Trente-six pièces.

12. Exécution des Assassins du général de Bréa. — Composition du Ministère 1851. — Dépêches. — Discours. - Proclamations, etc. Vingt-sept pièces sur le second Empire et la troisième République, 1870.

13. Affiches des Théâtres de la Gaieté, Vaudeville, Porte-Saint-Martin, Cirque Français, Théâtre Français, 1821, 1822, 1824 et 1826. Cinq pièces.

14. La Pêche à la ligne. Extraite des Amusements de la campagne. Epreuve coloriée.

### ALIX (P. M.)

15. *Marat* (J.-Paul). Ovale in-4. Epreuve imprimée en couleur. Sans marges, encadrée.

### ALMANACHS. CALENDRIERS

16. Calendrier pour l'an IIIe de la République Française. *A Paris, chez Aubert*, graveur. Très belle épreuve coloriée et encadrée.

17. Almanachs de Cabinet pour 1788, 1792. — Calendrier des Sans-Culottes, an IIe, an IIIe et an XIIIe. — Almanach des Bourbons 1819. — Calendrier de Napoléon 1823. — Almanachs 1827, 1832. — Calendriers perpétuels. Quinze pièces (Pourra être divisé).

18. Almanach de la Montagne. Calendrier pour l'An IIIe de la République Française, in-fol colorié. (Epreuve rognée dans le haut).

19. Calendrier Républicain 1793-1794. — Almanach 1796. — Calendrier an IIIe de la République. Trois pièces coloriées avec sujets et attributs.

20. Almanach du Lys 1816, avec portraits de la famille Royale. *A Paris, chez Charon*. Belle épreuve.

21. Almanachs de Cabinet, pour les années de 1819, 1820, 1831, 1832, 1834, 1848. Sept pièces en noir et coloriées.

22. L'Indicateur Général 1832, avec douze portraits différents de Napoléon.

### ANONYME

23. The Rape of Miss Déon, from France to England. Très belle épreuve à toutes marges.

### AUBRY

24. Diligence. — Malle-poste. Deux lithographies d'après H. Vernet. Belles épreuves.

**AUBRY, BODIN** (d'après)

25. Ah ! qu'on est fier d'être Français quand on regarde la colonne. — J'irai mourir au champ d'honneur ou bien au pied de la Colonne. Deux pièces, une est coloriée.

**BALLONS** (Pièces sur les)

26. Aux amateurs de Physique (Tuilleries), 1784. — Ascension du M$^{\text{is}}$ d'Arlandes et de M. Pilatre des Rosiers dans le jardin de la Muette, 1783. Deux pièces coloriées (la première est une reproduction).

**BANCE** (à Paris, chez)

27. *Artois* (S. A. R. Monseigneur le C$^{\text{te}}$), lieutenant-général du Royaume, passant la Garde nationale en revue au château des Tuileries. In-4. Belle épreuve coloriée.

**BASSET** (à Paris, chez)

28. *Mandrin*, chef de brigands. — Robert-François *Damien*, exécuté en place de Grève le 28 mars 1757. Deux pièces.

**BEISSON, COPIA**

29. *Marat*, d'après David et Boze. Deux portraits in-4. Belles épreuves, un est avant la lettre.

**BELLIARD**

30. *Stofflet*, général Vendéen. Lithographie in-fol. Belle épreuve coloriée.

**BOITES** (Dessus de)

31. Scènes de la Révolution. — Attributs et emblèmes révolutionnaires. — Cartes et billets d'entrées, etc. Dix-sept pièces en noir et coloriées.

32. Batailles. — Sujets militaires. — Histoire de Napoléon. — Scènes gracieuses. Vingt-cinq pièces.

## CARICATURES

33. Purge à l'orange, 1787. (Pièce satyrique sur Marie-Thérèse d'Autriche). Epreuve coloriée.

34. Ma finte pour ce coup-cy, y n'en reviendront jamais. Epreuve coloriée.

35. Le Café du bel-air. — L'Embarras du choix ou les Anglais au Palais-Royal. — Les Russes à Paris. — Désaltération à la course de MM. les Cochers. — Le Père Lantimèche. — Le Marchand de Parasols. — Le Maître d'Armes. — Crédit est mort. — M[r] et Mme Denis. Neuf pièces coloriées (une est en noir).

36. Accident funeste arrivé à une Vivandière dans le Pays de Hanovre pendant le passage des troupes Françaises. Epreuve coloriée.

37. Scène Parisienne. — Sujets politiques et drôlatiques. —Vingt-trois lithographies par H. Monnier, Philippon, Pigal, Bouchot et autres. Epreuves en noir et coloriées.

38. Réunion de quatre-vingt-dix-huit caricatures et images populaires sur *Monsieur Mayeux*. Lithographies par Bourdet, Charles, Delannois, Delaporte, Forest, Grandville, Numa, Philippon, Robillard et Traviès. Epreuves en noir et coloriées. Collection très rare (provient de la vente Champfleury).

39. Collection de trente-six lithographies d'après Grandville, Traviès, Robillard et autres pour *Monsieur Mayeux*, in-16 cart. Epreuves coloriées. Rare. (De la collection Champfleury).

40. Caricatures politiques et humoristiques, Costumes, etc., par Benjamin, Traviès, Daumier, Bouchot, Gavarni, etc. Envir. quatre-vingts pièces, quelques-unes sont coloriées.

41. Famille Impériale. — Généraux. — Les Prétendants, etc. 1870-1871. Deux cent vingt-deux pièces coloriées.

42. Siège de Paris 1870-1871. Deux cent quarante-quatre pièces coloriées.

### CHAMBRE DES DÉPUTÉS

43. Plans figuratifs de la Chambre des députés pour les sessions de 1819, 1824, 1828, 1830, 1835, 1849. Six pièces coloriées.

### CHANTREAU (d'après)

44. Rue d'un camp, par J.-B. Le Bas. Belle épreuve.

### COPIA

45. Le Porte-drapeau de la Fête civique. (Portrait de Chénard, acteur), d'après Boilly. Epreuve tachée.

### COSTUMES MILITAIRES

46. Costumes militaires. — Imagerie populaire. — Scènes historiques, etc. Soixante-dix-huit pièces en noir et en couleur.

47. Costumes Russes et Français. Onze pièces coloriées. *Imagerie populaire de la Fabrique de Hurez à Cambrai.*

### DAUDET et JOUBERT (A Paris chez)

48. Litanies et Prières d'une fille qui désire se marier au plus vite. — Litanies et Prières d'un garçon qui désire se marier au plus tôt. Deux pièces coloriées.

### DAUMIER (H.)

49. Passe ton chemin, cochon. — L'Epicier qui n'était pas bête leur envoyait de la réglisse qui n'était pas sucrée du tout. Deux lithographies.

### DUGOURE (d'après)

50. L'Amour à la porte du Couvent, gravure à la manière noire, petites marges.

## EAUX-FORTES MODERNES

51. L'Organe du Diable. — Arlequinade. — La Femme au chat. — Le Vin. — Le Rapt. — La double Pucelle. — Satanisme. — Le Punch, etc. Douze pièces par Apoux, Rassenfosse, de Sta, Thiriez et autres. Epreuves sur Japon.

## ÉCOLE FRANÇAISE

52. La Jarretière. Belle épreuve.

## FORAIN

53. Aux Mânes de MM. Vercoutève et Gouffé, affiche de vente. — Comme ça je ne dois plus rien..... Ah ! si tous les huissiers étaient comme vous !..... Deux pièces. Epreuves uniques sur papier de Chine.

## GALARD

54. Malbrou ton lé chien propréman, vat en ville, il médicamante lé chien, son adresse et isi. Rare.

## GILL (André).

55. *Blanc* (Louis). — *Cassagnac* (Paul de). — *Garibaldi.* — *Grévy* (Jules). — *Littré.* — *Mac-Mahon.* — *Naquet.* Sept portraits. Epreuves en couleur sur Japon.

## GRÜN

56. *Ça, c'est épatant, je te croyais juif !...* Belle épreuve.

## HONDIUS (d'après).

57. Chasse au sanglier, par Relin et Chenu. Belle épreuve.

## HUET (d'après J.-B.).

58. The Soft Egg in the Shell, par Legrand. Belle épreuve en couleur, grandes marges.

## IMAGERIE POPULAIRE.

59. Représentation de la plaisante punition d'une maquerelle. Epreuve coloriée.

## IMAGERIE POPULAIRE.

60. Bonne Bière de Mars. Epreuve en couleur sur papier bleu. Très rare.

61. Tabac et Eau-de-Vie. Epreuve coloriée sur papier bleu.

62. Bon cidre Disigny (sic). Epreuve coloriée sur papier bleu.

63. Débit de tabac. Epreuve coloriée sur papier vert.

64. Bonne Bière de Mars. Epreuve coloriée.

65. Alphabet des Arts et Métiers. Deux feuilles coloriées à toutes marges.

66. Familles Royales de France. — *Louis XVII.* — *Louis XVIII.* — *Berry* (Duc de). — *Artois* (Comte d'). — *Angoulême* (Duchesse d'). — *Pie VII.* — Scènes historiques, etc. Vingt pièces coloriées.

67. Napoléon blessé devant Ratisbonne. - Exécution de Fieschi, Pépin et Morey. — Complaintes. — Sujets religieux, etc. Vingt-trois pièces coloriées.

68. Chansons, Complaintes, Chants patriotiques. Quarante-trois pièces coloriées.

69. Saint Louis, Roy de France. — Oraison pour obtenir une bonne mort. — Sujets et emblêmes religieux. Vingt pièces coloriées.

70. Complaintes et Chansons. Seize pièces coloriées.

## JAZET

71. A tous les cœurs bien nés, que la patrie est chère ! In-fol. à la manière noire, d'après H. Vernet.

## JEUX (Pièces sur les)

72. Jeu de la Révolution Française. Epreuve coloriée.

### JEUX (Pièces sur les)

73. Nouveau Jeu de la Chouette. — Nouveau cadran de la montre géographique. — Règle du Jeu de l'Oie. — Le Jeu d'Assaut. — Jeu du Nouveau testament. — Notice historique et raisonnée des noms donnés aux cartes. Six pièces noires et coloriées.

74. Les Etrennes de la Jeunesse. Le Petit Jeu d'Amour. Epreuve coloriée à toutes marges.

75. Jeu de l'Etat-Major Français. — Règle du Jeu de l'affaire Dreyfus et de la Vérité. — Jeu de lois. — Règle du Jeu de l'Oie du général Boulanger. Quatre pièces coloriées.

### LACROIX (Lith. de)

76. *Cognard* se disant comte de Sainte-Hélène, célèbre imposteur, condamné aux galères. Lithog. in-4 coloriée.

### LECLER

77. *Enfantin*, chef de la Religion St-Simonienne. Lithog. in-4, 1832. Belle épreuve coloriée.

### LÉPICIÉ

78. *Capperonnier* (Claude), d'après Aved, in-fol. Belle épreuve. Sans marges.

### LOUIS XVI (Pièces sur)

79. *Louis XVI.* — *Marie-Antoinette.* Deux portraits in-4 gravés au pointillé avec scène au bas. Très belles épreuves.

80. *Louis XVI*, in-4, gravé au pointillé. Très belle épreuve avant toutes lettres, grandes marges.

81. *Louis XVI.* — *Marie-Antoinette.* — *Angoulême* (Duchesse d'). Vingt-trois portraits de divers formats dont un in-folio en couleur.

### LOUIS XVI (Pièces sur)

82. Famille Royale. Cinq profils dans un médaillon. Très belle épreuve sur satin, encadrée.

83. Arrestation du Roi et de sa famille désertant du Royaume. — Retour de la Famille Royale à Paris le 25 juin 1791. Deux pièces en larg. Epreuves coloriées à toutes marges.

84. Exécution de Louis XVI, 21 janvier 1793, d'après C. Monnet. Très belle épreuve coloriée à la gouache, sans marges, encadrée. « *Cette pièce offre cette particularité que l'on a ajouté le drapeau tricolore sur le socle de la statue de Louis XV* ». Très rare.

85. The Blood of the Murdered crying for Vengeance. Caricature par J. Gillray. Belle épreuve.

86. The Democracy of France. Capof Liberty. Caricature de S. W. Forès, 1794. Epreuve coloriée.

87. Fin tragique de Marie-Antoinette d'Autriche, Reine de France, exécutée le 16 octobre 1793. Gravure imprimée en bistre, encadrée. Rare.

88. Der Sohn des Unglüklichen Kœnigs Ludwig XVI bey Erblickung der Guillotine, gravé par Joubart. Belle épreuve.

### MIXELLE

89. *Arné* (Joseph), grenadier de la compagnie de Resuvelles, natif de Dôle ; in-4, d'après Beauvais. Belle épreuve imprimée en couleur.

### MONNIER (Henry)

90. Onze portraits différents de l'artiste, gravures, lithographies et caricatures par Durandeau, H. Monnier, Gill, Le Petit, Aucourt, Geoffroy, Guillaumot, etc.

### MOREAU LE JEUNE (d'après).

91. Mirabeau arrive aux Champs-Elisées, par L.-J. Masquelier.

### NAPOLÉON (Pièces sur).

92. *Napoléon Ier.* — Caricatures, Vues de Sainte-Hélène. — Tombeau de Napoléon II. — Scènes et batailles. Vingt-six pièces en noir et coloriées. Gravures et lithographies.

### NAUDET (C.).

93. Brevet de Danse. Belle épreuve coloriée.

### ORLÉANS (Famille d').

94. Philippe-Pique. — Philippiques. Deux pièces en bistre et coloriées. Belles épreuves.

95. *Louis-Philippe.* — *Marie-Amélie.* Caricatures par Philippon, etc. Onze pièces en noir et coloriées.

96. *Louis-Philippe.* — *Orléans* (Duc d'). — *Nemours* (Duc de). — Famille Royale. Douze gravures et lithographies.

### PAPIER ANCIEN.

97. Papiers de fantaisie. Echantillons de papiers de couleur de diverses fabriques françaises et étrangères, de 1750 à nos jours ; environ 150 feuilles. (Collection fort intéressante formée par Champfleury).

### PARIS (Documents sur).

98. Plans de Paris, anciens et modernes. Trente-trois pièces (pourra être divisé).

99. Vue perspective du Sallon de l'Académie Royale de Peinture et de Sculpture au Louvre. *A Paris, chez Basset.* Epreuve coloriée.

100. La Liberté des entré (*sic*) par la Barrière d'Enfer le 1er may 1791. Belle épreuve coloriée, à toutes marges.

101. Vue du Pont-Neuf. Belle épreuve en couleur, sans marges, encadrée.

102. Vue du Palais-Royal, des Galeries et du Jardin, par Varin, d'après le Cher de Lespinasse. Belle épreuve.

### PARIS (Documents sur).

103. Vues de Paris, de ses principales rues et monuments; environ cent pièces de tous formats du XVII^e^ siècle à nos jours. Epreuves en noir et en couleur. (Pourra être divisé).

### PHILIPPON (Ch.)

104. Croquades faites à l'audience du 14 nov. (Cour d'assises). Epreuve encadrée.

### PIÈCES HISTORIQUES

105. Assassinat de Henri IV. — La rue Quincampoix. — Bataille de Fontenoy. — Cérémonie de l'ordre et la marche de la publication de la paix devant l'Hôtel de Ville. — Projet de l'Embarquement pour la descente en Angleterre. Six pièces en noir et coloriées.

106. Discours du Roi à l'Assemblée des Etats généraux, tenue à Versailles le 4 mai 1789. — Le siège de la Bastille, 14 juillet 1789. — Exécution de Louis Capet, le 21 janvier 1793. Trois pièces gravées à l'eau-forte avec chansons et couplets patriotiques.

### POSTES (Pièces sur les)

107. Carte générale de toutes les postes et traverses de France. *A Paris, chez Nicolas Berry, s. d.* Rare.

### RÉVOLUTION (Pièces sur la)

108. Machine proposée à l'Assemblée nationale pour le supplice des criminels, par M. Guillotin. Epreuve coloriée à toutes marges.

109. Plan de la Bastille, gravé en couleur par Chapuy.

110. Monument du Despotisme, commencé sous Charles V, en 1369, achevé en 1383, pris le 14 juillet 1789, et démoli aussitôt sa prise. In-4 à la manière noire. Belle épreuve, grandes marges.

## RÉVOLUTION (Pièces sur la)

111. La Journée mémorable du mardi 14 Juillet 1789. — Monument du Despotisme commencé sous Charles V en 1369, achevé en 1383, pris le 14 Juillet 1789 et démoli aussitôt après sa prise. Deux pièces in-4 gravées à la manière noire. Belles épreuves.

112. Prise de la Bastille par les Citoyens de Paris ayant à leurs têtes Messieurs les Gardes Françaises, le 14 juillet 1789; in-4 à l'eau-forte. Deux épreuves coloriées.

113. Vue de la Bastille prise des fossés Saint-Antoine. — Démolition de la Bastille et vue de la porte qui conduisait au jardin. Deux pièces ovales gravées par Guyot. La seconde est imprimée en couleur.

114. Vue de la Place de Grève le jour de la prise de la Bastille. *Nous cédons à l'Amour de la liberté*, par Palloy, patriote. Image populaire coloriée, très rare.

115. C'est ainsi que l'on punit les traîtres (14 Juillet 1789). Epreuve coloriée.

116. Portraits des sieurs Harné et Humbert qui sont montés les premiers à l'assaut de la Bastille. *A Paris, chez Basset.* Belle épreuve coloriée.

117. Vue de la fête donnée sur le plan de la Bastille ; in-4, à la manière noire. Belle épreuve.

118. Siège et prise de la Bastille, 14 Juillet 1789. Neuf pièces de divers formats dont une avant la lettre.

119. Vainqueur de la Bastille. — Femme Française libre. Deux costumes coloriés.

120. Le Général Lafayette soutenu sur les bâtons des maréchaux Luckner et Rochambeau, prend la lune avec les dents ; in-4 à la manière noire.

121. Projet de l'Etendart de la Liberté, à l'imitation de celui des Romains, présenté et dédié à M. le Marquis de La Fayette, d'après La Neuville. Grand in-4 à la manière noire. Très belle épreuve.

**RÉVOLUTION** (Pièces sur la)

122. Serment fédératif. — La Bastille démolie ou la petite victoire. — Le Drapeau national. Trois pièces encadrées.

123. Mise en liberté des Prisonniers de la Bastille. Lithographie de Melingue. Epreuve gouachée et encadrée.

124. Repas des Gardes du Corps à Versailles, 5 octobre 1789. — Triomphe de l'armée parisienne réunie au peuple à son retour de Versailles à Paris, le 6 octobre 1789. Deux pièces, la première est coloriée.

125. Retour des Héroïnes Parisiennes après l'expédition de Versailles, 5 octobre 1789. Belle épreuve coloriée.

126. Salle de Danse construitte sur les ruines de la Bastille, le 20 juillet 1790. Eau-forte in-4 en larg., signée Pinot f. P. sc. Belle épreuve encadrée. Rare.

127. Arc de Triomphe élevé au Champ de Mars, pour la Confédération, le 14 juillet 1790. Deux épreuves en couleur et à la sanguine, une est avant la lettre.

128. Les travaux du Champ de Mars en 1790, dessiné et gravé par Girardet. Belle épreuve.

129. Travaux du Champ de Mars. — Vue du Champ de Mars, le 14 juillet, au moment du serment des Confédérés. — Cérémonie de la Confédération nationale, au Champ de Mars, le 14 juillet 1790. Trois pièces en bistre et coloriées.

130. Journée du 10 Aoust 1792, au Chateau des Thuillerie. Deux pièces par Jourdan et autre. Epreuves coloriées.

131. Arrestation de Robespierre. — Mort de Robespierre. Deux pièces gravées par J. Aliprandi, d'après Barbier et Beys.

132. Être Suprême. Peuple souverain. République française. *A Paris, chez Basset*; in-fol. en larg. Belle épreuve coloriée, avec les portraits de Voltaire et de J.-J. Rousseau.

**RÉVOLUTION** (Pièces sur la).

133. Le Peuple Français reconnait l'Être suprême et l'Immortalité de l'âme *A Paris, chez Basset*. In-fol. colorié.

134. Emblêmes Révolutionnaires : La Victoire aux mânes de Le Pelletier et Marat. — La Fraternité. — La Probité. — La Liberté. — Moi libre aussi. — La Raison. — Vérité, etc. Quatorze pièces de divers formats par ou d'après Fragonard fils, Janinet, Boizot, etc. Belles épreuves en noir et imprimées en couleur.

135. Les Droits de l'Homme et du Citoyen décrétés le 20 aoust 1789. *A Paris, chez M. Auger*. Belle épreuve.

136. Déclaration des Droits de l'Homme et du Citoyen. *A Paris, chez les citoyens Esnault et Rapilly*. Belle épreuve coloriée.

137. Evangile de la Liberté. — Déclaration des Droits de l'Homme. — Hommage à l'Eternel. Sept pièces, deux sont coloriées.

138. Unité et indivisibilité de la République. Liberté, Égalité, Fraternité, ou la Mort. Deux pièces différentes in-fol. en couleurs, sur papier bleu. Très rare.

139. Unité et indivisibilité de la République ; in-4, avec costumes militaires. Belle épreuve coloriée, à toutes marges.

140. Unité, indivisibilité de la République. Liberté, Égalité, Fraternité, ou la Mort. *A Paris, chez Basset*, in-4. Belle épreuve coloriée, grandes marges.

141. Aristide et brise scellé. — Dansons la Carmagnole. Deux pièces, une est sans marges.

142. Le Tiers Etat. — Il faut faire 3 choses, Vive le Roi. — Henry Du Bois, le 1er grenadier qui entra dans la Bastille. — Patience Margot, j'auront bientôt 3 fois 8. Cinq pièces coloriées.

143. La Bénédiction des Armes. — Le froc aux orties et la liberté des Religieux et des Religieuses. — Fraternité des soldats de la Garde Parisienne.... — J.-B. Crétaine, âgé de 60 ans, etc. Quatre pièces coloriées.

**RÉVOLUTION** (Pièces sur la).

144. Les Trois ordres. — J'ai écarté les cœurs, il a les piques, et je suis capot. — Les magnétiseurs. — Le cauchemar de l'Aristocratie. — Brissot mettant ses gants. — Le Tiers-Etat confesseur. — Le calculateur patriote. Sept pièces en bistre ou à la manière noire.

145. *La République et Buonaparte.* Imagerie de Luxeuil. Placard patriotique en l'honneur de la prise de Toulon et de la campagne d'Italie 1794-1796. Epreuve coloriée et encadrée. Très rare.

146. La Journée à jamais mémorable aux Français, où Louis XVI se rendit à l'Hôtel de Ville, 17 juillet 1789. — Mieux vaut tard que jamais ! — Egalité. — Refrains Patriotiques. — A la gloire de l'Etre Suprême. — Tableau des papiers Monnaies. — Ouverture du club de la Révolution. — Bulles du 18e siècle. — La Réunion des trois ordres. — La Révolution Française. Dix pièces de tous formats

147. Promenade au Palais-Royal. – Serment du Jeu de Paume. — Prise de la ville de Lyon. — Fermeté et sang-froid d'un paysan de Monceaux. — Action héroïque de François Mallet. — Assassinat de Marat. — Tribunal Révolutionnaire. — Travaux du Champ de Mars, etc. Dix-sept pièces de divers formats.

148. Costumes civils, judiciaires et administratifs, sous le Directoire. Vingt pièces in-8, gravées par Alix, d'après Garneray. Epreuves coloriées à toutes marges.

149. Petit médaillon imprimé en couleur contenant les portraits de Chalier, Marat et Lepelletier de St-Fargeau. Epreuve encadrée.

150. *Aiguillon* (Duc d'). — *Chaslier.* — *Barra.* — *Lepelletier de St-Fargeau.* – *Marat.* — *Lafayette*, etc. Neuf portraits en médaillons, pour dessus de boîtes.

151. *Cambacérès.* — *Moreau.* — Gendarme d'élite. — Costumes civils et militaires du Directoire, par Denon d'après David. Dix pièces coloriées.

**RÉVOLUTION** (Pièces sur la)

152. Types. — Costumes. — Allégories. — Emblèmes divers. — Scènes historiques, etc. Quarante-deux pièces.

153. Députés, Généraux, Personnages célèbres. Trente-huit portraits in-4 et in-8.

**RÉVOLUTION DE 1830**

154. Prise des Tuileries (29 Juillet 1830). — Grand balayage. — Conduite courageuse des Citoyens de Paris les 28 et 29 Juillet. — Les drapeaux. — Croquis faits d'après nature. Cinq pièces noires et coloriées.

155. Tombeau des 4 Sergents de la Rochelle. — L'Arbre de la liberté planté sur la place de l'Hôtel de Ville en l'honneur des 4 Sergents de la Rochelle. Deux lithographies.

**SMITH** (I.)

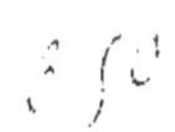

156. Tarquin et Lucretia, gravé à la manière noire d'après W.de Rijck. Belle épreuve.

**VILLENEUVE** (A Paris, chez)

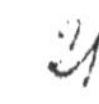

157. *Fauchet* (Claude), évêque du Calvados, in-8. Belle épreuve imprimée en couleur, rare.

---

158. Sous ce numéro, il sera vendu quinze petits cadres, contenant des sujets religieux et les portraits de Louis XVI, Marie-Antoinette, Marie-Thérèse-Charlotte, Lafayette, M^me^ Roland, Louis XVIII, Lafayette, Napoléon III, etc. (Pourra être divisé).

159. Sous ce numéro, il sera vendu par lots environ 500 pièces anciennes et modernes : Pièces historiques, Topographies, Portraits, Vues de Paris, Estampes sur la Révolution, Caricatures modernes, etc., etc.

# DESSINS

### ANONYME

160. Portrait présumé de Charles de Lameth, député aux Etats-Généraux.

Pierre noire et aquarelle.

### BAUDON (H.).

161. Portrait présumé de Charlotte Corday, profil dans un médaillon.

Aquarelle, signée *H. Baudon*. Cadre ancien en bois sculpté.

### BELLANGÉ (Hyp.).

162. Zouave assis.

Plume, signé des initiales.

### BOURGOIN (D.).

163. Madame Sarah Bernhard peignant dans son atelier.

Grande aquarelle signée *D. Bourgoin, 95.*

### ECOLE FRANÇAISE

164. Costume de femme, entouré de fleurs, d'insectes et d'oiseaux.

Gouache, composition pour éventail.

165. Portrait d'officier. Epoque Louis XVI.

Aux crayons de couleur.

166. Portrait d'homme à perruque, en buste et tenant un livre à la main.

Pastel, cadre ancien en bois sculpté.

### HILAIR

167. Paysage oriental.

Plume et lavis. Signé.

### INCONNU.

168. Figures grotesques.

Dix portraits de femmes, à la mine de plomb, dans le même cadre.

169. Une Plage. Effet de soleil couchant.

Pastel.

### LAFFITTE ?

170. Le Congrès de Vienne.

Plume et lavis de sépia.

### LUNEL (F.)

171. « Dites donc, Monsieur le Président, j'espère bien que cette fois vous n'allez pas encore condamner le *Courrier Français.* »

Plume réhaussé de gouache. Signé.

### MARCELLIN et MONNIER (H.)

172. Croquis à la plume.

Sept dessins dans le même cadre.

### MARICOURT (Le Bon de)

173. Portrait présumé du Mis de Launay, gouverneur de la Bastille.

Profil à la mine de plomb Signé *L. Baron de Maricourt*, donné au Cher de Launay par un Conty.

### MINIATURE

174. Portrait présumé de Lamotte Fouqué.

**NICOLLE** (attribué à)

175. Baie de Naples. — Marine. Deux dessins

Aquarelles, réhaussées de gouache.

**PERIGNY** (de)

176. Vue du village de Moutiers-Travers.

Sanguine. Signé, Mis de Périgny, fecit 1783.

**RAFFET** (attribué à Aug.)

177. Costumes de soldats anglais et écossais.

Plume et lavis.

**DIVERS**

178. Vingt-neuf dessins et aquarelles, par ou attribués à Marie Dupuis, Monnier, Quidant, Paczka, E. Brune, Naudet, Charlet, Randon, Gavarni, Quintard, Régamey, etc.

---

# TABLEAUX

**BEAUCÉ** (J.-A.)

179. Portrait en pied du Maréchal Comte de Palikao.
Toile signée *J. A. B.* (H. 0,40. L. 0,32).

**BERTHE ?**

180. Marine.
Bois. Signé *Berthe.* (H. 0,22. L. 0.31).

**BOILLY** (Attribué à Louis)

181. Officier de la Garde nationale.
Bois. (H. 0,55. L. 0,47).

182. Les joueurs de cartes.
Esquisse peinte, inachevée. (H. 0,20. L. 0,16).

**ECOLE FRANÇAISE XVIII$^{e}$ SIÈCLE**

183. Costume de Sergent recruteur.
Toile. (A. 0,86. L. 0,72).

184. Allégorie révolutionnaire.
Au bas, on lit : Qu'importe vos mascarades et les systèmes du jour, les prétentions de l'égoïsme, ou cette égalité qui fait éloquer si haut! Le soleil ne luit-il pas pour tous ? Je dis que tout Gouvernement qui ne *tendra* pas à répartir les biens de ce monde avec autant d'impartialité que l'astre du jour distribue ses rayons, ne sera que tyrannie ou extravagance.
Toile. (H. 0,58 L 0,70).

**HEILMAN** (Gaspard)

185. Portrait de Ant. Fr. Boullogne, prêtre de Paris, 1741.
Au verso on lit : Antonio Francisco Boulogno. Sacerdoti di Parigi Anno 1741. Pinto Gaspardo Heilmann.
Cuivre. (H. 0,12. L. 0,09).

## HUBER

186. Une Noce, d'après Ad. Moreau.

**Photographie peinte.**

(H. 0,20. L. 0,26).

## INCONNU.

187. Apothéose d'une sainte.

**Toile ovale.**

(H. 0,36. L. 0,27).

188. Fête populaire dans un village d'Auvergne.

**Toile.**

(H. 0,37. L. 0,45).

## LAGRENÉE (L.) ?

189. Apollon et Thétis.

**Toile.**

(H. 0,46. L. 0,54).

## SCHENCK.

190. Troupeau d'oies autour d'un tableau.

**Toile, signée, avec dédicace :** ***A nos amis Dablin.***

(H. 0,41. L. 0,32).

191. Rennes attaqués par des loups.

**Panneau. Signé et daté 1862.**

(H. 0,20. L. 0,34).

## TESSON ?

192. Muletiers à la fontaine.

**Bois.**

(H. 0,13. L. 0,18).

## WEBER (Th.).

193. Falaises.

**Toile. Signée.**

(H. 0,40 L. 0,26).

---

# OBJETS DE CURIOSITÉ

## FAIENCES RÉVOLUTIONNAIRES

194. — Plats à barbe.

195. — Saladiers.

196 à 208. — Assiettes à sujets et fonds variés : Serment civique. Ça ira. La loi et la justice. Trésor national. L'équité. Vivre libre ou mourir. Prise de la Bastille. La Nation et le Roi. Vive la liberté. Tombeau de Mirabeau. Le malheur nous réunit. Je veille pour la nation. Je désire y arriver. Etc., etc.

209. — Assiettes au ballon.

## ANCIENNES PORCELAINES ET FAIENCES

210 et 211. — Saladiers.

212 à 219. — Plats et assiettes de fabriques diverses, anciennes et modernes.

220 à 229. — Pots et vases décorés, de formes variées.

## ÉVENTAILS RÉVOLUTIONNAIRES

230. — Débarquement des trois Ambassadeurs Indiens envoyés par Tipoo-Saïb à Toulon, complimentés par les Marquis de Castellet et d'Albert de Rions, 10 juin 1786. Monture bois.

231. — Les vœux du cœur de Louis XVI (le Roi et Necker recevant une députation des trois ordres). Au verso, les 4 couplets. Monture bois.

232. — Réjouissance du peuple devant la statue de la Liberté. Couplets : *Veillons au salut de l'empire....* Monture bois.

233. — M. le marquis de La Fayette. Cocarde à son buste. Allégorie et couplets. Monture en os.

234. — La Liberté patrone des Français. Sujet sur papier de tenture. Monture bois.

235. — Le Tems donne les Cendres à la Noblesse et au Clergé. Pièce satirique, 1790. Monture bois.

236. — Allégorie avec les bustes de Marat et Le Peletier de Saint-Fargeau. Monture en os.

237. — La Danse des Marionnettes (portraits supposés des membres de la Famille Royale). Monture bois.

238. — Trompe-l'œil aux Assignats. Deux différents. Montures bois.

239. — Le Bastringue. Couplets : *Mesdemoisell's, voulez-vous danser...* Monture os ajouré.

240. — Sujets gracieux : La Chasse. — Déclaration d'amour. Attributs Montures bois et os.

241. — Sujets champêtres, genre Pillement. Monture bois.

242. — Histoire de Malbrouk. Deux différents. Monture bois.

243. — Fanchon la Vielleuse, avec couplets. Et deux autres sujets gracieux. Montures bois.

244. — La Rose d'amour. — Vénus et l'Amour. — Fleurs. Montures bois.

245. — La Reine de Saba. — Attributs. Montures bois.

246. — Ecran avec la vue coloriée de la place Louis XV, entourage style rocaille. (A Paris, chez Petit).

## OBJETS DE L'ÉPOQUE RÉVOLUTIONNAIRE

247. — Panneau de papier de tenture. Attributs, banderolles et cocardes tricolores (1 m. 33×0,42). Encadré.

**A été exposé sous le n° 1031, salle des Etats, au Louvre, lors du Centenaire de la Révolution, en 1889. Provient de la chambre de Marat.**

248. — Autre, faisceaux de licteurs, bonnets phrygiens, cocardes. Inscriptions : République Française, Liberté, Egalité, Nous serons invincibles (1 m. 07×0,68). Encadré.

**Provient d'une des salles de l'hôtel de La Vrillière (aujourd'hui Banque de France).**

249. — Petites gravures en couleurs, de forme ronde, encadrées. Serment civique. — Liberté. — Egalité. Jolies pièces.

250. — Offrande à la Patrie. — J.-J. Rousseau. — Testament de Louis XVI. Encadrées.

251. — Petite pendule en bronze. Tambour de dragons. Socle en bois.

252. — Boutons en étoffe, 4 séries. — Cocardes de métal et d'étoffe (13).

253. — Bonnet rouge avec cocarde nationale. — Ceinture à glands d'or. — Echarpes tricolores, moire et soie. Cinq pièces.

254. — Le général Bonaparte au pont d'Arcole. Peinture sur porcelaine (0,19×0,21).

255. — Portefeuille avec divisions du calendrier révolutionnaire. — Autre, plus petit, soie peinte. — Almanach optique (1767). — Lunettes (3 pièces).

256. — Réticules, dont un de soie brodée. — Gants brodés et imprimés.

---

256 *bis*. — **Sabre d'enfant, AYANT APPARTENU AU ROI DE ROME.** Poignée tête d'aigle. Sur la lame sont gravées une couronne royale et en lettres anglaises entrelacées, **G. R.** *(Gallia* et *Roma).*

**Cette relique a été offerte par Mr Goubaut, précepteur du jeune prince, à Mlle de Foresty.**

257. — **COL DE JEAN-JACQUES ROUSSEAU.** Au bas, la mention : « Col de J.-J. Rousseau, donné par sa veuve à Marie-Agathe Roussillon, femme Ganevall, dite la Tapissière, qui le céda à Anacharsis Clootz, à Ermenonville, le 24 juillet 1783 ».

Cadre ancien.

---

## COUTEAUX, CUILLERS ET FOURCHETTES

(*Depuis la Renaissance jusqu'au commencement du XIX^e^ siècle*)

258 à 275. — Collection très importante, formée d'environ 150 pièces de toutes les époques. Montures en ivoire sculpté, riches garnitures, spécimens de formes singulières, modèles antiques.

## OBJETS DIVERS

276 et 277. — Montres, cadrans émaillés, clefs de montres.

278 à 285. — Boîtes, bonbonnières, maroquinerie. Env. 65 pièces.

286. — Quatre jeux de cartes, dont un de la Révolution.

287. — Jeu de *biribi*, ou *trou-madame* (XVIII^e^ siècle), genre loto, monture ivoire ajouré, pochette d'étoffe renfermant les olives.

288. — Equilibriste, ivoire en deux pièces. — L'Emigrette. — Jetons de nacre.

289. — Tire-bouchons sifflets, mouchette, casse-noisettes.

290. — Boutons anciens, matières et décors variés. Plus de 100 pièces.

291. — Petit modèle de poêle Louis XVI, terre de pipe (travail de maîtrise). — Autre, en bronze.

292 à 300. — Grès, poteries, étains, fontaine et bassinoire en cuivre.

301 à 304. — Poupées et statuettes en bois ou terre cuite (XVIIIe siècle).

305. — Chaussures, bonnets, casquette, ceinture, *jarretières*, bourses, etc., de diverses époques.

306. — **Militaires**. Plaques de ceinturons d'époques variées.

307. — Hausse-cols, Révolution et Empire.

308. — Plaques de shakos, Empire et Restauration.

309 et 310 — Sabres, giberne, fusil. Plusieurs pièces sont de l'époque Révolutionnaire.

311. — Tonnelets de cantinière et de soldat.

312 et 313. — Shakos, chapeaux, casques prussiens, épaulettes d'argent, etc.

314. — Manteau en satin rayé et broché.

315. — Deux gilets Louis XVI à ramages de fleurs. — Chemise à jabot.

316. — Deux grands morceaux d'étoffes, l'un est broché et l'autre bordé d'un galon d'or.

317. — Quatre morceaux d'étoffes variées.

318. — Toiles imprimées, dites *toiles de Jouy*. Six pièces.

319. — Portrait de Joseph Prud'homme, en pied. Maquette en plâtre, provenant de l'atelier de Carrier-Belleuse et de la vente de Champfleury.

320. — **Cire.** Portrait présumé de Vergniaud, député à l'Assemblée nationale de 1789. Encadré.

321. — Clément XII, pape, élu en 1730, âgé de 78 ans. Par Antoine Benoist, maître cirier. Cadre ancien.

322. — Bonaparte à cheval. Cire rehaussée de couleurs. Signée : *Bertot, 1812.*

323. — **Bois sculptés.** Pilastre en bois sculpté, au buste du roi Henri IV. Provient d'une vieille maison de Beauvais, rue St-Jean, démolie en 1899.

324 à 328. — Saints-Anges porte-flambeaux. — Vierge. — Christ. — Saint Antoine (statuettes bois peint XVIIIe siècle). — Porte-montre (chasseur).

329. — *Divers.* Lanterne de chaise à porteurs. — Râpes à tabac. Etuis à pipes. — Portrait découpé au canivet. — Lunette. — Pied de roi. — Boite de poids. — Moulin à café. — Fuseau — Boussoles. *Etc.* Sera divisé.

329 *bis* — Superbe Table ancienne, commencement du XVIIIe siècle. Chêne sculpté, fleurons et ornements à la coquille. Dimensions approximatives : long. 2 m., larg. 1 m.

# ANTIQUITÉS

**Age de pierre ; Epoques grecque, romaine, gauloise et gallo-romaines.**

---

330. — **Age de pierre.**

1° *Epoque Paléolithique* : Haches en silex taillé, type de St-Acheul ou Chelles.

2° *Epoque Moustérienne* : Racloirs et grattoirs en silex.

**Epoque néolithique.**

1° *Age de la pierre polie* : Haches en silex poli, dioritite, fibrolite, jade et pierres dures diverses.

2° Percuteurs, grattoirs, lames de silex, scies, perçoirs, burins.

3° *Epoque de la Madeleine* : Lames de silex, grattoirs fins, pointes de lances et de flèches, retouchoirs, ossements d'animaux de l'époque quaternaire sciés ou gravés.

**Cette collection est très importante et comporte environ mille pièces.**

331. — **Antiquités grecques.**

Poteries, statuettes, verrerie, etc.

332. — **Epoque Romaine.**

Statuettes, fibules, instruments divers en bronze.

333. — **Epoques gauloise et gallo-romaine.**

Vases et ustensiles, bracelets et objets variés. Terre-cuite et bronze.

GRANDE IMPRIMERIE DU CENTRE. — HERBIN, MONTLUÇON

www.ingramcontent.com/pod-product-compliance
Ingram Content Group UK Ltd.
Pitfield, Milton Keynes, MK11 3LW, UK
UKHW021108270726
13993UKWH00006B/1990